I0698276

LA POESIA DE MI CORAZÓN

Un relato inspirador de amor y perseverancia

Juan Jose Ruiz

La Poesía de mi Corazón

Juan José Ruíz

SINOPSIS:

En "La poesía de mi corazón: Un relato inspirador de amor y perseverancia", te sumergirás en un mar de emociones y reflexiones profundas. Descubrirás cómo es posible encontrar la fuerza interior necesaria para superar el dolor de una relación no correspondida y cómo construir un camino hacia la auto aceptación y el amor propio. A través de poemas y reflexiones inspiradoras, te guiaré en un viaje hacia la recuperación de la confianza en ti mismo y el amor propio.

Este libro no solo te ayudará a superar las adversidades en el amor, sino que también te inspirará a seguir adelante en la búsqueda de tus sueños y metas personales. Te mostraré cómo enfocarte en tus fortalezas y cómo superar las barreras mentales que a menudo nos impiden alcanzar nuestros objetivos.

"La poesía de mi corazón: Un relato inspirador de amor y perseverancia" es más que un libro, es una experiencia transformadora que te llevará a descubrir el poder interior que todos poseemos para crear la vida que deseamos.

También podrás encontrar poesía y reflexiones sobre el amor propio, ese amor que todos necesitamos cultivar dentro de nosotros mismos. Te invito a descubrir cómo puedes amarte a ti mismo, cómo puedes aprender a valorarte y respetarte, y cómo puedes convertirte en tu propio amor verdadero.

En resumen, "La poesía de mi corazón" es una obra que te inspirará a buscar el amor verdadero, tanto hacia los demás como hacia ti mismo. Descubre cómo puedes transformar tus experiencias amorosas y tus propios pensamientos para alcanzar la felicidad y la realización personal que mereces.

CONTENIDO

1

REFLEXIONANDO EN SOLEDAD PARA CRECER INTERIORMENTE

En un momento de soledad, reflexionar puede fortalecernos mentalmente. Pero, ¿qué se necesita para seguir luchando y alcanzar nuestras metas? ¿Cuáles son los puntos que debemos considerar para lograrlo?

Hay situaciones que no podemos arreglar, pero sí podemos cambiar. Los recuerdos perduran y aunque en ocasiones resulta difícil olvidar un amor que se derrumbó, el tiempo es suficiente para reflexionar y reconstruir. Retroceder no es una opción.

Sueño con tenerte a mi lado y compartir grandes momentos. Solo pensar en ti me motiva e inspira a seguir adelante. ¿Dónde te encuentro? ¿Cuál es el camino que debo tomar? Por un lado, existe un camino que conduce a un lugar oscuro, donde se encuentran personas que hacen todo lo posible por alejarte de tus metas, pero son obstáculos que nos llenan de odio. Por otro lado, existe la luz y el resplandor de Dios, que nos llena de esperanza. Como seres humanos, tenemos virtudes y defectos.

Al despertar, veo la luz del sol que me llena de energía y resplandor, pero a veces no siento la pureza. Me gustaría encontrar el camino, pero hay oscuridad en nuestras mentes y corazones.

En la vida nos encontramos con diferentes tipos de personas. Hay quienes están siempre a nuestro lado, nos ayudan, motivan y nos hacen creer en nosotros mismos. A veces me pregunto cuándo llegará mi momento, pero aunque los días y minutos pasen, no me retractaré. Haré todo lo posible para que mis sueños se hagan realidad.

Ayer fue un momento que quedó guardado en mis recuerdos. Ahora, vivo el presente con el poder de cambiar muchas cosas. A pesar de las circunstancias, no debemos dejarnos derrotar fácilmente. Enfocarnos en lo bueno que está por llegar, ya sea en el amor, en el trabajo o en los lugares que deseamos conocer. Pero lo más importante es perseverar, luchar y levantarnos cada vez que caigamos. Aunque la caída pueda ser dolorosa, nos dará el impulso necesario para aclarar nuestras mentes y continuar adelante.

Cuando la vida nos presenta obstáculos y problemas, muchas veces nos sentimos desanimados y sin fuerzas para seguir adelante. En esos momentos, es importante recordar que cada dificultad es una oportunidad para crecer y aprender algo nuevo.

La vida nos pone tropiezos en el camino, y a veces creemos que no podemos continuar. Pero el verdadero valor no está en no caer, sino en levantarse cada vez que se tropieza.

Cada vez que nos caemos, aprendemos algo nuevo, crecemos en sabiduría y en fortaleza. Esos tropiezos no son más que oportunidades, para demostrarnos que podemos superar cualquier adversidad.

Así que no te rindas ante el miedo o la incertidumbre, sé valiente y persevera en tus sueños. Porque al final del camino, tus logros serán la prueba de que siempre valió la pena luchar.

A veces, el camino que tomamos puede ser difícil y tortuoso, pero si mantenemos nuestra determinación y perseverancia, lograremos superar cualquier obstáculo que se nos presente. Debemos mantener nuestros ojos en el horizonte, enfocarnos en nuestros objetivos y no permitir que nada ni nadie nos desvíe de nuestro camino.

No hay nada más gratificante que ver nuestros sueños convertidos en realidad. Pero para lograrlo, debemos estar dispuestos a trabajar duro, a sacrificar cosas y a tomar riesgos.

Cuando nos encontramos en momentos de soledad, es importante tomarnos el tiempo necesario para reflexionar y meditar sobre nuestras acciones y decisiones. Debemos aprender a escuchar nuestra voz interior y a confiar en nuestras intuiciones.

La soledad a menudo nos ofrece la oportunidad de encontrarnos a nosotros mismos. Es un momento en el que podemos sintonizarnos con nuestra propia voz interior, reflexionar sobre nuestras experiencias y tomar decisiones importantes que nos ayuden a avanzar en la vida.

En este espacio de soledad, podemos conectarnos con nuestras necesidades más profundas, comprender nuestras emociones y reconocer nuestras fortalezas y debilidades. Al hacerlo, podemos encontrar una mayor claridad y propósito en nuestra vida y tomar decisiones más informadas y conscientes. Sin embargo, a veces, cuando nos encontramos en momentos de soledad, podemos sentirnos abrumados o perdidos en nuestros pensamientos y emociones

Al final del día, la soledad no tiene por qué ser una experiencia dolorosa o aterradora. Si aprendemos a tomarnos el tiempo necesario para reflexionar y meditar sobre nuestras acciones y decisiones, podemos encontrar una mayor paz interior y construir relaciones más significativas con los demás.

La vida es una constante evolución, un camino lleno de altibajos y desafíos. Pero si mantenemos nuestra fe y esperanza, si nos mantenemos enfocados en nuestros objetivos y trabajamos duro, alcanzaremos cualquier meta que nos propongamos.

Así que no permitas que la oscuridad te consuma. Mantén tu mirada fija en la luz y sigue adelante, sin importar cuán difícil sea el camino. Porque al final del día, la recompensa será más grande de lo que jamás imaginaste.

2

TOMANDO EL CORAJE PARA EXPRESAR NUESTROS SENTIMIENTOS

Mi madre ha sido mi gran motivación e inspiración para salir adelante, y aunque no siempre he logrado corregir mis errores, he aprendido a no permitir que estos me impidan alcanzar mis expectativas. Durante mucho tiempo, comprendí que retroceder sólo permitía que pensamientos negativos invadieran mi mente y me alejaran de mis objetivos y metas. Mantenerme atado al pasado y recordar esos malos momentos sólo me llevaba a la tristeza y el dolor, debilitándome física y mentalmente. Por eso, he aprendido a enfocarme en el presente y mirar hacia el futuro con optimismo y determinación.

Además, he aprendido que no debo temer a los fracasos, ya que estos son parte del proceso de aprendizaje y crecimiento. Cada vez que me equivoco, trato de verlo como una oportunidad para aprender algo nuevo y mejorar en el futuro. También he aprendido a rodearme de personas positivas y motivadoras que me apoyen en mis metas y me ayuden a superar los momentos difíciles. De esta manera, puedo mantenerme enfocado en mi camino y lograr mis objetivos con mayor facilidad.

La vida no es fácil y nadie es perfecto, pero a pesar de ello, estoy agradecido de estar vivo. Aunque aún no he conocido a esa persona especial, Dios me ha llenado de esperanza y fe en que el momento llegará. La vida es como una montaña rusa de emociones, a veces estás en la cima y otras veces en lo más bajo. Pero siempre debemos recordar que Dios se encarga de poner todo en su lugar. Lamentablemente, muchas personas no creen en Él y se pierden la oportunidad de tener una fuente de fuerza y consuelo en momentos difíciles.

A pesar de las dificultades y los desafíos, siempre trato de mantener una actitud positiva y agradecida. Cada día es una oportunidad para aprender algo nuevo, para crecer y para mejorar. También trato de ayudar a los demás en todo lo que puedo, ya que creo que la felicidad y el bienestar no solo dependen de nosotros mismos, sino también de cómo interactuamos con los demás y cómo contribuimos a hacer del mundo un lugar mejor. En definitiva, aunque la vida no es fácil y hay momentos difíciles, creo que siempre hay motivos para tener esperanza y confiar en que, con perseverancia y fe, podemos superar cualquier obstáculo.

En el cielo no existe el tiempo ni las preocupaciones, tragedias o dolores que vivimos en este mundo cada día. Al pensar en Dios, cierro los ojos e imagino ese momento de paz y tranquilidad, dejando atrás el sufrimiento que se apodera de mí. Aunque a veces pueda sentirme perdido, sé que tengo el control de mi vida y que solo es cuestión de tener fe y creer en mí mismo para superar las adversidades. No importa dónde nos encontremos, todo es posible si mantenemos la esperanza y la confianza en que podemos lograr lo que nos proponemos. Por eso, ante ninguna situación debemos derrotarnos tan fácilmente. Con la ayuda de Dios, podemos encontrar la fuerza para seguir adelante y alcanzar la victoria.

Además, cada día al despertar, es importante agradecer a Dios por estar vivo y por todas las bendiciones que nos ha brindado. Desde el momento en que nacemos, ya somos ganadores y hemos logrado un triunfo al llegar al útero de nuestra madre. También es importante recordar que nuestros sueños pueden llevarnos a lugares mágicos y llenarnos de alegría, aunque a veces solo queden en nuestros recuerdos. Pero si mantenemos la fe y creemos en nosotros mismos, podemos convertir esos sueños en realidad y alcanzar todo aquello que anhelamos en la vida.

En este camino de la vida, he aprendido que cada experiencia, tanto buena como mala, es una oportunidad para crecer y aprender algo nuevo. A veces las pruebas pueden ser duras y difíciles de superar, pero creo que siempre hay una razón detrás de ellas, y que Dios nos pone en el camino que necesitamos para evolucionar como personas. Por eso, aunque a veces pueda sentirme desanimado o cansado, trato de ver cada desafío como una oportunidad para mejorar y ser mejor cada día. Además, sé que no estoy solo en este camino, que tengo a mi familia, amigos y a Dios a mi lado para apoyarme y animarme cuando lo necesito.

La vida nos pone tropiezos en el camino, y a veces creemos que no podemos continuar. Pero el verdadero valor no está en no caer, sino en levantarse cada vez que se tropieza.

Cada vez que nos caemos, aprendemos algo nuevo, crecemos en sabiduría y en fortaleza. Esos tropiezos no son más que oportunidades, para demostrarnos que podemos superar cualquier adversidad.

Así que no te rindas ante el miedo o la incertidumbre, sé valiente y persevera en tus sueños. Porque al final del camino, tus logros serán la prueba de que siempre valió la pena luchar.

Desde que llegamos al mundo, no conocemos el miedo ni la tristeza. Solo alegría, amor y abrazos de mamá, que nos hacen sentir seguros y llenos de felicidad.

Pero el tiempo avanza y las cosas cambian, y a veces quisiéramos volver al pasado. Pero en vez de lamentarnos por lo que ya fue, debemos enfrentar el miedo y avanzar con valentía.

Hay que eliminar los pensamientos obscuros, que nos impiden hacer cosas grandes. Porque la vida es un camino lleno de retos, y solo podemos superarlos si confiamos en nosotros mismos.

Así que deja atrás los miedos y las dudas, y sigue adelante con paso firme y seguro. Porque aunque el camino no sea fácil, cada paso que das te acerca más a tus sueños más puros.

Quiero compartir que mi mayor anhelo en la vida es ser feliz y hacer feliz a los demás. Creo que la felicidad no se encuentra en las cosas materiales, sino en las relaciones que construimos con los demás y en las experiencias que compartimos. Por eso, trato de ser una persona positiva, amorosa y compasiva, que se preocupa por los demás y que siempre está dispuesta a ayudar. Y aunque sé que no soy perfecto y que a veces cometo errores, siento que cada día estoy más cerca de lograr mi objetivo de vivir una vida plena y feliz.

3

AFRONTANDO LAS ADVERSIDADES Y LEVANTÁNDOSE

Es evidente que en algún momento de nuestra vida nos encontramos con obstáculos y fracasos, pero nunca sabemos cuándo surgirán. Cuando enfrentamos dificultades, es importante recordar que éstas pueden presentarse de diferentes formas y tamaños. Algunos desafíos pueden ser pequeños y manejables, mientras que otros pueden parecer insuperables. Independientemente de su magnitud, es fundamental no desanimarse y buscar formas de superarlos. Incluso los fracasos pueden ofrecer oportunidades de aprendizaje y crecimiento, y pueden llevarnos a descubrir habilidades y fortalezas que no sabíamos que poseíamos.

Es natural sentirse abrumado o desalentado ante situaciones difíciles, pero es importante no perder la perspectiva. En lugar de enfocarse únicamente en el problema, es útil buscar soluciones y estrategias que nos permitan avanzar. A veces, la solución más efectiva puede ser pedir ayuda o apoyo a personas de confianza, como amigos, familiares o profesionales.

Los tropiezos y las derrotas no definen quiénes somos. En lugar de centrarse en el fracaso, es útil enfocarse en el camino hacia la superación y el éxito. Cada obstáculo superado nos acerca un poco más a nuestras metas y objetivos, y nos ayuda a desarrollar la resiliencia y la confianza en nosotros mismos. Con determinación y perseverancia, podemos superar cualquier reto que se presente en nuestra vida.

A veces me pregunto en soledad, ¿Por qué a mí? ¿Qué hice mal? ¿Por qué el éxito tarda en llegar, y en mi camino sólo hay penar?

Pero sé que no es un camino fácil, todos caemos, todos nos levantamos, y si no encuentras la fuerza necesaria, no temas en buscar ayuda necesaria.

Recuerda siempre lo que deseas lograr, mantenlo en mente, deja el miedo atrás, y si sientes que te falta la capacidad, busca el apoyo que te llevará a la cima de la montaña.

Por otro lado, están tus padres, quienes pueden inspirarte y apoyarte en tu camino hacia tus metas. Pero lo más importante es recordar que Dios siempre está a tu lado, brindándote energía y motivación. Él es tu motor de arranque, y no se olvida de ti, sin importar quién eres, lo que estudiaste o si eres una persona de negocios.

Recuerda que todos enfrentamos desafíos en la vida, pero es importante mantener una actitud positiva y buscar el apoyo necesario para superarlos. No te rindas ante las dificultades, sigue adelante con determinación y fe en ti mismo y en un futuro mejor.

Es importante recordar que la vida no siempre es justa, y que a veces no podemos controlar las circunstancias que nos rodean. Sin embargo, podemos controlar nuestra actitud y nuestra respuesta ante los desafíos. En lugar de culparse a uno mismo o a los demás por las dificultades, es útil enfocarse en las soluciones y en las acciones que se pueden tomar para superarlas. Con una mentalidad positiva y proactiva, podemos enfrentar los desafíos con mayor confianza y resiliencia, y lograr nuestras metas a largo plazo.

Él siempre está a tu lado y tiene un plan perfecto para ti, aunque puede tardar en desarrollarlo. Pueden pasar días, semanas o incluso meses, pero es importante recordar que todo ocurre en el momento adecuado.

A veces, Dios nos envía pruebas y desafíos para fortalecernos y ayudarnos a crecer, incluso en situaciones difíciles.

A pesar de las circunstancias, no debemos dejarnos vencer fácilmente. Tenemos el poder de cambiar nuestra actitud y nuestra perspectiva ante las dificultades, y de buscar soluciones para superarlas. A través de la fe y la confianza en nosotros mismos, podemos enfrentar los desafíos con determinación y perseverancia, sabiendo que Dios siempre está a nuestro lado y nos guiará hacia el camino correcto.

La paciencia y la perseverancia son claves para superar las pruebas que se nos presentan en la vida. Aunque puede ser difícil esperar y mantener la fe en tiempos de incertidumbre, es importante recordar que las cosas buenas llegan a aquellos que saben esperar. Dios nos brinda las herramientas y la fuerza necesaria para enfrentar cada situación de la mejor manera posible, y nos enseña lecciones valiosas que nos ayudan a crecer y a convertirnos en personas más fuertes y sabias.

Al mismo tiempo, es importante no perder de vista nuestras metas y sueños a largo plazo. Aunque puede ser tentador rendirse en momentos de dificultad, es importante seguir trabajando con perseverancia y determinación para alcanzar lo que deseamos. Con fe y confianza en nosotros mismos, podemos superar cualquier obstáculo y lograr grandes cosas en la vida.

4

SIENDO FUERTE MENTALMENTE PARA ALCANZAR TUS OBJETIVOS

Al despertar, me vienen a la mente muchos recuerdos de los momentos que he atravesado en la vida, tanto buenos como malos. A veces, pensar en los errores del pasado me frustra y me impide avanzar, ya que me pongo obstáculos a mí mismo al enfocarme en lo negativo. Sin embargo, también recuerdo los bellos momentos que he vivido y me motivan a seguir adelante con esperanza y confianza en el futuro.

Los fracasos son parte de la vida y pueden convertirse en nuestro mayor enemigo si les permitimos que nos detengan. Es importante recordar que Dios nos manda pruebas para ayudarnos a crecer y superarnos, y que nuestros errores son oportunidades para aprender y mejorar. Como seres humanos, cometemos errores con frecuencia, pero debemos aprender a perdonarnos a nosotros mismos y a los demás, y a buscar la ayuda y el apoyo que necesitamos para superar las dificultades.

Puede ser difícil superar la frustración y el pesimismo que nos invade cuando nos enfrentamos a los errores y fracasos del pasado. Sin embargo, es importante recordar que cada día es una nueva oportunidad para comenzar de nuevo y avanzar hacia nuestras metas y sueños. Con fe y confianza en nosotros mismos y en Dios, podemos superar cualquier obstáculo y lograr grandes cosas en la vida.

Debemos aprender a dejar ir el pasado y enfocarnos en el presente y en el futuro. Si bien es importante aprender de nuestros errores, no debemos permitir que nos definan ni que nos detengan.

Debemos aprender a perdonarnos a nosotros mismos y a los demás, y a buscar maneras constructivas de avanzar y crecer. En lugar de enfocarnos en lo que no podemos cambiar, debemos enfocarnos en las oportunidades que tenemos frente a nosotros y en cómo podemos aprovecharlas al máximo.

Es importante rodearnos de personas que nos apoyen y nos animen en nuestros sueños y metas. La familia, los amigos y los mentores pueden ser fuentes valiosas de inspiración, apoyo y orientación. Al mismo tiempo, debemos buscar nuestra propia fuerza interna y confiar en nuestras habilidades y talentos para superar las pruebas y desafíos que se nos presentan. Con una actitud positiva, un fuerte sentido de determinación y fe en nosotros mismos y en Dios, podemos alcanzar nuestras metas y vivir la vida que deseamos.

Los obstáculos son una parte inevitable de la vida, y a veces pueden parecer insuperables. Aunque nos sintamos atrapados o bloqueados por un muro gigantesco, siempre hay una manera de encontrar un camino hacia adelante. Yo solía tener mucho miedo y permitía que los pensamientos negativos se apoderaran de mi mente, lo que me impedía lograr muchas cosas, incluyendo decirle a esa chica lo mucho que me importaba. Pero ahora las cosas son diferentes, he aprendido a vivir en el presente y a no retroceder ante los desafíos.

No importa cuán grandes sean los obstáculos, siempre podemos encontrar la fuerza interior para superarlos. Debemos activar nuestro interruptor interno y borrar todas esas cosas que nos impiden lograr nuestros objetivos.

A veces, esto puede requerir un cambio en nuestra perspectiva, un esfuerzo adicional, o incluso pedir ayuda a otros. Pero cuando mantenemos una actitud positiva y persistente, podemos derribar cualquier muro que se interponga en nuestro camino y lograr nuestras metas.

Además, es importante recordar que cada obstáculo puede ser una oportunidad de aprendizaje. Cuando nos encontramos con dificultades, podemos aprender cosas valiosas sobre nosotros mismos y nuestras capacidades. También podemos aprender a ser más resilientes y a enfrentar mejor los desafíos en el futuro. A veces, los mayores obstáculos nos permiten descubrir nuestra fuerza y determinación internas.

Es fácil sentirse abrumado por los desafíos, especialmente cuando todo parece estar en contra nuestra. Pero es importante recordar que nunca estamos solos en nuestra lucha. Podemos buscar apoyo y orientación de amigos, familiares, mentores y profesionales. Al compartir nuestros desafíos con los demás, podemos obtener una nueva perspectiva y encontrar soluciones creativas para superar los obstáculos.

Pedir ayuda puede ser difícil y a veces puede hacer que nos sintamos vulnerables, pero es importante recordar que todos necesitamos ayuda en algún momento de nuestras vidas. Aprender a aceptar y pedir ayuda es una muestra de fuerza y valentía, no de debilidad.

Cuando nos abrimos y permitimos que otros nos ayuden, no solo aliviamos la carga de nuestros propios hombros, sino que también creamos conexiones más profundas con aquellos que nos rodean. Nos permite construir relaciones más significativas y fortalecer los lazos de amistad y familia.

Por eso, hoy en día trato de estar dispuesto a ayudar a los demás, tal como han hecho conmigo en el pasado. Incluso si no puedo hacer mucho, una simple palabra de aliento o una pequeña acción puede marcar una gran diferencia en la vida de alguien más. Y estoy agradecido por la oportunidad de poder hacer una diferencia en el mundo que me rodea, una persona a la vez.

5

TENIENDO FE EN TI MISMO PARA LOGRAR LO QUE QUIERES

Aunque los obstáculos pueden parecer inabarcables, siempre hay una forma de superarlos. A través de una actitud positiva, determinación y apoyo, podemos derribar cualquier muro que se interponga en nuestro camino. Y al hacerlo, podemos aprender y crecer de manera significativa, desarrollando nuestra fuerza interna y encontrando el camino hacia nuestras metas y sueños más importantes.

A menudo, las personas guardan sus sentimientos más profundos por miedo al rechazo, y yo mismo he experimentado esta sensación en numerosas ocasiones. Cuando me encuentro con una mujer hermosa, siento dolor al no poder expresar mis sentimientos, lo que me lleva a cerrarme y evitar acercarme a ella. Sin embargo, he aprendido que es importante aprovechar las oportunidades al máximo, sin importar el resultado. A veces, incluso si el resultado no es el deseado, todavía podemos encontrar valor en la experiencia y aprender de ella. Es esencial tener el coraje de expresar nuestros sentimientos más profundos, ya que solo así podemos construir relaciones auténticas y significativas.

Expresar nuestros sentimientos más profundos puede ser una tarea difícil y, a veces, dolorosa. Pero cuando nos abrimos a los demás, creamos la oportunidad de tener relaciones auténticas y significativas.

Al compartir nuestros verdaderos sentimientos, nos permitimos conectarnos con los demás en un nivel más profundo y genuino. Y aunque puede haber riesgos involucrados, como el rechazo o el desacuerdo, también hay recompensas significativas, como el amor y la aceptación verdaderos.

Cuando somos honestos acerca de nuestros sentimientos, también estamos siendo auténticos con nosotros mismos. Nos permite vivir nuestras vidas con mayor integridad y coherencia, y nos ayuda a construir la confianza y la autoestima necesarias para superar los desafíos de la vida.

Entonces, aunque pueda ser difícil al principio, es importante tener el coraje de expresar nuestros sentimientos más profundos. Es la clave para construir relaciones significativas y auténticas, y para vivir una vida llena de amor y conexión.

Además, cuando mantenemos nuestros sentimientos escondidos, perdemos la oportunidad de conectar con las personas en un nivel más profundo. Es comprensible tener miedo de ser rechazados, pero también debemos recordar que todos experimentamos la vulnerabilidad de la conexión humana.

Al expresar nuestros sentimientos, no solo nos abrimos a la posibilidad de una conexión significativa, sino que también demostramos coraje y respeto hacia nosotros mismos y hacia la otra persona. Al final del día, la vida es demasiado corta para mantener nuestros sentimientos escondidos. Debemos arriesgarnos y expresarnos de manera auténtica y valiente, y así vivir una vida llena de amor y conexión.

En cierta ocasión, alguien me aconsejó no preocuparme demasiado por los números que indican mi edad. He visto a muchos jóvenes casarse a una temprana edad, y sé que Dios siempre está conmigo en cada momento de mi vida.

Mantengo la esperanza de encontrar a la persona correcta, aunque a menudo he soñado con ella. Cuando soñamos, podemos crear historias hermosas que nos llevan a lugares maravillosos, pero al despertar, debemos enfrentarnos a la realidad y a la rutina diaria. Aunque la rutina es necesaria, también debemos recordar que debemos hacer esfuerzos para salir de ella y experimentar nuevas cosas.

Como adultos, todos tenemos responsabilidades, ya sea trabajar o estudiar, y nadie es perfecto. A medida que pasan los años, nos encontramos con personas que pueden ser egoístas, tener complejos o pensar que son el centro de atención. A menudo, estas personas ponen barreras para evitar que nos acerquemos a ellos. Sin embargo, debemos recordar que cada persona es única y valiosa, y que es importante buscar conexiones auténticas con quienes nos rodean.

Aunque puede ser difícil, es importante no perder la esperanza y seguir buscando a la persona correcta. A veces, encontramos el amor en los lugares más inesperados o en el momento más inesperado. Pero para encontrarlo, debemos estar abiertos a nuevas experiencias y dispuestos a tomar riesgos.

Esto no significa que debamos arriesgar todo lo que tenemos o poner en peligro nuestra estabilidad y seguridad, pero sí significa estar dispuestos a salir de nuestra zona de confort y dar un paso hacia lo desconocido. Al final del día, lo que importa no es la edad que tengamos o cuánto tiempo hayamos estado buscando, sino encontrar a alguien con quien podamos construir una relación amorosa saludable y duradera.

Cuando era más joven, me costaba creer en mí mismo porque me sentía inseguro acerca de mis habilidades para lograr cosas importantes.

Sin embargo, a medida que fui creciendo, tuve la suerte de conocer a muchas personas que me transmitieron una energía positiva. Aprendí que, aunque a veces la vida puede ser difícil y te puedes caer, lo importante es levantarse y seguir adelante.

6

BUSCANDO LA AYUDA NECESARIA PARA AFRONTAR LOS DESAFÍOS

Quedarse lamentándose no te lleva a ninguna parte y solo atrae más negatividad a tu vida. Descubrí que tener una mente abierta y estar dispuesto a aprender de los errores es la clave para liberarse de la prisión mental que a veces nos construimos nosotros mismos. Ahora creo en mí mismo y en mi capacidad para lograr lo que me propongo, porque sé que tengo el poder de superar cualquier obstáculo que se presente en mi camino.

A través de mi experiencia, he aprendido que la vida es una montaña rusa de altibajos, y es importante tener una actitud positiva y ser resiliente para enfrentar los desafíos que se presenten. A veces, es fácil dejarse llevar por la negatividad y las dudas, pero recordar que eres capaz de superar cualquier obstáculo es fundamental para seguir adelante.

Ahora, cuando me enfrento a situaciones difíciles, trato de mantener una mentalidad positiva y centrarme en las soluciones en lugar de los problemas. Aunque aún tengo mucho que aprender, sé que cada desafío es una oportunidad para crecer y aprender más acerca de mí mismo y del mundo que me rodea.

A veces, queremos hacer las cosas solos y confiar en nuestra propia capacidad, pero en el camino nos damos cuenta de que las cosas no salen como esperábamos. Esto se debe a que nos volvemos muy orgullosos y no estamos dispuestos a pedir ayuda cuando la necesitamos. Sin embargo, he aprendido que no hay nada de malo en pedir ayuda, y que siempre habrá alguien dispuesto a ayudarnos, sin esperar nada a cambio. Es importante tener en cuenta que en la vida, a menudo necesitamos el apoyo y la colaboración de otros para lograr nuestros objetivos y alcanzar nuestro potencial máximo. En lugar de sentirnos avergonzados por pedir ayuda, debemos sentirnos orgullosos de tener la valentía de hacerlo y la humildad de aceptarla.

Cuando nos encontramos en situaciones difíciles, nos sentimos abrumados y perdemos la esperanza de que alguien pueda ayudarnos. Nos convencemos a nosotros mismos de que podemos manejar todo por nuestra cuenta, incluso cuando en el fondo sabemos que necesitamos la ayuda de alguien más. Sin embargo, cuando finalmente nos atrevemos a pedir ayuda, nos damos cuenta de que nunca estuvimos solos en realidad.

Hay personas dispuestas a escuchar, a brindar su tiempo y esfuerzo para ayudarnos a salir adelante, incluso cuando nosotros mismos no podemos ver la luz al final del túnel. Pedir ayuda no es una señal de debilidad, sino una muestra de coraje y humildad. Y cuando encontramos esa ayuda, sentimos una gratitud que nos llena el corazón y nos hace darnos cuenta de que nunca estamos realmente solos en este mundo.

Por mucho tiempo, creí que debía hacer todo por mi cuenta, que pedir ayuda era un signo de debilidad. Pero me di cuenta de que eso no es verdad. Aprendí que pedir ayuda no es una muestra de debilidad, sino de fortaleza. Significa que estás dispuesto a admitir tus limitaciones y que valoras la ayuda de los demás. Y lo más importante, significa que estás dispuesto a crecer y a aprender de los demás.

Nos encontramos con aquellos que nos hieren, tratan de impedir que nuestros sueños se cumplan. Son las piedras que se interponen en nuestro camino, los obstáculos que debemos enfrentar.

Pero no debemos temer a estos malintencionados, pues sus acciones provienen de su propia frustración. Nosotros seguimos adelante, con valentía y determinación, para alcanzar nuestras metas y cumplir nuestra misión.

No permitamos que sus sombras nos cubran, ni que sus mentiras nos detengan. Mantengamos nuestros corazones puros y nuestros ideales firmes, y así encontraremos la victoria en medio de la adversidad.

La vida puede ser difícil y complicada, pero debemos perseverar y seguir adelante. Pues en cada tropiezo, en cada caída, se esconde una oportunidad para ser más fuertes y sabios.

He aprendido a ser humilde y aunque no lo muestre en exceso, hay quienes tratan de explotar mis anhelos y sueños, sin cesar.

Son grandes obstáculos en mi camino, que tratan de derribarme cada día, pero no me detendré ante su desatino, ni permitiré que me desanimen de mi vía.

Quizá en el trayecto pueda tropezar, y caer al suelo con gran pesar, pero me levantaré con más fuerza, y seguiré adelante con entereza.

La humildad no es un impedimento, ni tampoco una debilidad, sino un valor que da fundamento, y fortaleza a mi humanidad.

La caída duele en el alma y en el cuerpo también, pero no hay que detener la marcha ni aferrarse al dolor de ayer.

7

RODEÁNDOTE DE PERSONAS QUE TE APOYEN EN TU CAMINO

Las cicatrices sanarán y el tiempo curará la herida, no importa cuánto tardará, la vida sigue y es bienvenida.

El dolor no tiene que ser una carga que cargues siempre, es cuestión de aprender a soltarlo y dejarlo ir hacia el frente.

Nuestra mente es un universo que guarda un gran poder, pero si dejamos que el miedo nos haga débiles caer, será difícil lograr metas y alcanzar lo que queremos tener.

Pero si somos conscientes, y pensamos en positivo, nada podrá detenernos, y alcanzaremos lo que hemos querido, con fe y perseverancia, el éxito será nuestro destino.

Así que no permitamos que la mente nos juegue en contra y nos haga mal, tengamos siempre pensamientos positivos y llegaremos a la cima sin fallar. La mente es nuestra herramienta, y con ella podemos crear nuestro ideal.

Hoy en día, estoy agradecido por las personas que me han tendido la mano en momentos difíciles. He aprendido que no hay nada de malo en pedir ayuda cuando la necesitas, y que a veces es la única forma de salir adelante. No importa cuánto talento o habilidad tengas, siempre habrá momentos en los que necesites ayuda de los demás. Y si estás dispuesto a pedirla, te sorprenderá la cantidad de personas que estarán dispuestas a ayudarte sin esperar nada a cambio.

Además, al pedir ayuda, también podemos brindar la oportunidad a otros de ser generosos y empáticos. Muchas personas encuentran alegría en ayudar a los demás, y si les damos la oportunidad de hacerlo, podemos traer algo positivo a sus vidas. La ayuda es una calle de doble sentido, y no solo nos beneficiamos nosotros mismos, sino también aquellos que nos ayudan.

En conclusión, pedir ayuda no es una muestra de debilidad, sino una muestra de valentía y humildad. Cuando aceptamos que no podemos hacer todo por nuestra cuenta, estamos dando el primer paso hacia el éxito y la felicidad. No tengas miedo de pedir ayuda cuando la necesites, y no olvides agradecer a aquellos que te brindan su mano amiga.

En resumen, aunque en el pasado no creía en mí mismo, he aprendido que la confianza y la perseverancia son claves para superar las dificultades y lograr mis metas. Me enorgullece decir que, gracias a esto, he alcanzado muchas de las cosas que antes parecían inalcanzables y estoy emocionado de seguir creciendo y explorando todo lo que la vida tiene que ofrecer.

8

REFLEXIONES SOBRE EL AMOR

Cada día me pregunto dónde estás al despertar y que no estés a mi lado me hace sentir tan abandonado. A pesar de todo, quisiera poder expresar lo que siento cada mañana. Me pregunto dónde está el amor, no lo he conocido y sé que esa persona no está a mi lado. Pero te tengo en mis sueños, en mis pensamientos, y no cederé por largo tiempo. He atravesado muchos obstáculos y son las personas que tratan de detenerme.

En momentos desesperados, vemos todo oscuro porque nos estamos cerrando y no nos dejamos ayudar para poder alcanzar nuestras metas. A pesar de las adversidades, debemos luchar por nuestros objetivos. Por otro lado, el miedo y las inseguridades nos impiden crear expectativas y nos envuelven internamente. Todo lo vemos mal y atacamos a esas personas que no debemos. Es como si nuestro subconsciente actuara por sí solo. Sin embargo, si pensamos en cosas positivas y nos llenamos de fe en Dios, automáticamente olvidamos todo ese dolor. A decir verdad, el amor todo lo puede, lo he vivido. ¿Quién no ha sentido esa atracción por esa persona que te llena de emoción al verla?

Es bueno soñar estar con esa persona, vivir esos momentos, poder viajar, formar la familia que quisiste tener. Pero al despertar y volver a la realidad, eso te frustra. No obstante, eso es volver a caer. Atraes lo malo, es como una esponja que absorbe lo negativo y estás constantemente viviendo en ese abismo que te lleva a ese mismo lugar.

Tal vez puedan pasar años, pero en cualquier momento puede llegar a tu vida, puedes encontrarla, solo deja que las cosas fluyan por sí solas

He aprendido a lo largo del tiempo con respecto a las situaciones sentimentales. Cuando te gusta alguien y temes ser rechazado, las preguntas que se hacen son: ¿a lo mejor tiene novio?, ¿si me dice que no?, ¿y si no le gusto? Al momento de pensar eso, estás atrayendo lo negativo. Tienes que estar 100% seguro de hacerlo y tomar la decisión correcta.

La vida nos da sorpresas inesperadas, pero debemos aprender a aceptarlas y disfrutar cada momento como si fuera el último. Un amor inolvidable puede aparecer cuando menos lo esperamos y cambiar nuestra vida por completo. A veces, no se trata solo de encontrar a la persona perfecta, sino de aprender a ser la persona perfecta para alguien más.

Todavía recuerdo claramente cada detalle de nuestro primer encuentro. Fue en una tarde de verano, el sol brillaba con fuerza y el calor era sofocante. Estaba caminando por la calle, pensando en mis asuntos, cuando de repente te vi. Me llamó la atención tu belleza, pero lo que realmente me cautivó fue la luz que había en tus ojos y la sonrisa en tus labios. Fue un instante mágico que cambió mi vida para siempre.

Durante los siguientes días, no podía sacarte de mi cabeza. Te busqué en todas partes, pregunté a todos mis conocidos si te conocían, pero nadie parecía saber quién eras. Me sentía como en una especie de búsqueda del tesoro, pero lo que estaba buscando era algo mucho más valioso que cualquier objeto material: tu presencia.

Desde entonces, han pasado muchos años y hemos vivido juntos momentos inolvidables, momentos de felicidad y también de tristeza. Pero siempre hemos estado juntos, apoyándonos mutuamente y recordando aquellos momentos que nos unieron desde el principio.

A veces me pregunto dónde estaría hoy si no te hubiera encontrado aquella tarde de verano. Pero no me gusta pensar en eso, prefiero concentrarme en el presente y en todo lo que hemos construido juntos. Tu amor ha sido lo más valioso que he tenido en la vida y sé que siempre será así.

El tiempo ha pasado y nuestra relación ha ido creciendo día a día. Aunque hemos tenido momentos difíciles, siempre hemos encontrado la manera de superarlos juntos y salir más fortalecidos. Ahora, me siento más seguro de nuestro amor que nunca antes.

Recuerdo cuando me diste tu mano por primera vez. Era un momento mágico, lleno de emoción y nerviosismo. Ahora, puedo decir con certeza que nunca quiero soltarla. Contigo a mi lado, siento que puedo conquistar cualquier desafío que se nos presente.

Tu sonrisa me hace sentir como si estuviera en el cielo y tus ojos son como dos luceros que iluminan mi camino. A tu lado, siento que todo es posible.

Sé que el camino que hemos recorrido juntos ha sido largo y que aún queda mucho por delante. Pero estoy seguro de que, mientras sigamos caminando juntos, nada podrá detenernos. Nuestro amor es tan fuerte que es capaz de mover montañas y de superar cualquier obstáculo.

9

UN AMOR INOLVIDABLE

Cada vez que estoy contigo, mi corazón late con fuerza y siento cada parte de mi cuerpo manifestándose de diferentes formas. Por eso, he decidido que la próxima vez que nos veamos, tomemos los siguientes pasos juntos. El amor no conoce el tiempo, solo conoce el corazón. No importa la distancia que nos separe, ya que tú y yo hemos logrado superar barreras y saltar obstáculos para estar juntos al final del día. Nada ni nadie puede destruir el amor que siento por ti, porque has dejado una huella profunda en mi ser. Me imagino caminando contigo tomados de la mano en un lugar lleno de paz y tranquilidad, donde no existe la preocupación, solo tú y yo transmitiendo pureza en nuestros corazones.

A veces me duele pensar que la llama del amor que hemos mantenido desde el primer momento en que te vi pueda apagarse. Por eso, es importante para mí que no permitamos que nada ni nadie sea un obstáculo en nuestras vidas, especialmente en el amor que estamos construyendo juntos. Le doy gracias a Dios por haberte cruzado en mi camino, ya que ha sido un verdadero placer pensar en ti, soñar contigo y disfrutar de los buenos y hermosos momentos que construiremos juntos con el tiempo.

Me emociona pensar en el futuro que podemos construir juntos. Con cada momento que compartimos, me doy cuenta de lo importante que eres para mí. No puedo imaginar mi vida sin ti. Quiero seguir explorando el mundo a tu lado, enfrentando juntos los desafíos que se presenten y celebrando nuestros logros y alegrías.

Sé que no todo será fácil y que habrá momentos difíciles, pero estoy dispuesto a luchar por nuestro amor. Quiero que sepas que siempre estaré aquí para ti, apoyándote en todo lo que necesites. Quiero que confíes en mí y que sientas la seguridad de que siempre podrás contar conmigo.

Te amo con todo mi corazón y siempre lo haré. Eres la razón por la que me despierto cada mañana con una sonrisa en el rostro y la persona que hace que mi vida tenga sentido. Gracias por ser mi compañero(a) y por hacerme sentir tan amado(a) y especial. Espero que podamos seguir construyendo juntos una historia de amor que perdure para siempre.

No logro dormir, y mientras más pienso en ti, más vuelvo a enamorarme de cada parte de tu ser. Me pregunto qué pasará cuando demos nuestro primer beso. Esa respuesta solo la tienes tú, porque con solo mirarme sembraste una semilla en mí que encendió la luz de la esperanza.

Aunque estemos separados por la distancia, para mí nada es imposible. Cada día luchó por vivir momentos que nos acerquen y que hagan que regreses a mi lado. Eres mi tesoro más preciado y te extraño cada vez que no estás aquí conmigo.

Junto a ti, estaría dispuesto a recorrer el mundo entero en busca de un amor verdadero que nunca se acabe. Mientras mantengamos esa conexión especial que nos une, nada ni nadie podrá destruir la barrera que hemos construido con el tiempo. El poder del amor es infinito y todo lo puede. Yo te amo y eso es lo que nos ha permitido llegar hasta aquí.

Quizás aún hay muchas cosas que desconoces de mí, pero si miras más allá de mi apariencia, podrás ver que ambos tenemos alas de libertad que nos permiten sentir esa sensación única y maravillosa que es el amor. Juntos somos libres para transmitir este hermoso sentimiento y hacer que nuestra unión perdure para siempre.

Nuestro amor es una aventura que vamos construyendo juntos cada día, una historia llena de momentos inolvidables, risas, lágrimas y aprendizajes. Sabemos que no todo será fácil, pero nuestro amor nos dará la fuerza para superar cualquier obstáculo que se interponga en nuestro camino.

Porque cuando dos personas se aman de verdad, todo es posible. Y yo te amo con todo mi corazón, con cada fibra de mí ser. Por eso, quiero que sepas que siempre estaré aquí para ti, para amarte, apoyarte y hacerte feliz. Juntos podemos conquistar el mundo, vivir cada día como si fuera el último y disfrutar de todo lo que la vida tiene para ofrecernos.

Tu amor es un regalo del cielo, una bendición que llegó a mi vida en el momento justo. Cada vez que estoy a tu lado, siento que el tiempo se detiene y el mundo entero desaparece, solo existe nuestro amor, nuestro abrazo y nuestra conexión.

10

LA IMPORTANCIA DE TENER FE EN EL AMOR

No hay obstáculo ni dificultad que pueda destruir lo que hemos construido juntos, nuestro amor es más fuerte que cualquier tormenta. Agradezco a Dios cada día por haberte encontrado y por permitirme vivir esta experiencia de amor tan intensa y hermosa junto a ti. Cada momento a tu lado es una oportunidad para seguir construyendo nuestra historia de amor, una historia que espero que dure para siempre.

Cada día que pasa siento que nuestro amor se hace más fuerte, como una roca que resiste a la fuerza del mar. Y aunque a veces el miedo nos acecha, no debemos permitir que se interponga en nuestro camino hacia la felicidad.

Juntos podemos enfrentar cualquier obstáculo, ya que la confianza que hemos construido mutuamente es nuestro mayor tesoro. Y aunque el futuro es incierto, sé que si estamos juntos, podemos lograr cualquier cosa que nos propongamos.

Quiero que sepas que eres mi mayor inspiración y que cada día me sorprendes con tu amor y tu dedicación. Eres mi compañero de vida y juntos podemos alcanzar la felicidad que tanto anhelamos. Te amo más allá de las palabras.

Cada vez que el sol se oculta en el horizonte, siento la tristeza de que el día se termine pero también la alegría de que mañana será un nuevo día para estar a tu lado. Tus ojos son como dos soles que iluminan mi camino y me guían hacia ti, hacia ese amor que tanto anhelo.

No importa cuánto tiempo tengamos juntos, cada momento es valioso y lo atesoro en lo más profundo de mi corazón. Juntos enfrentaremos los desafíos y las adversidades, construyendo una historia de amor que perdurará por siempre. Y aunque el tiempo avance y las arrugas aparezcan en nuestras pieles, nuestro amor seguirá brillando como la luz del sol, siempre presente y eterno.

Cuando te miro a los ojos siento una fuerza que me impulsa a seguir adelante, porque eres mi fuente de inspiración y la razón por la que sonrío cada mañana. Me hace feliz saber que tú también sientes lo mismo por mí y que juntos podemos construir un futuro lleno de amor y felicidad.

No importa lo que el futuro nos depare, sé que siempre lucharemos juntos por mantener nuestro amor vivo y creciente. Seguiremos agarrados de las manos bajo la luz del sol y fortaleciendo nuestros sentimientos con cada mirada, cada beso y cada abrazo. Porque juntos somos invencibles y nuestro amor es nuestra mayor fortaleza.

Imagino nuestras vidas juntos, lleno de momentos felices, viajes a lugares hermosos y aventuras inolvidables. Me emociona pensar en construir una vida y tener una familia llena de amor y felicidad. Sé que no será fácil, pero estoy dispuesto a trabajar duro por nosotros y por nuestro amor.

Cada día me enamoro más de ti y agradezco por haberte encontrado en mi camino, eres mi compañera de vida y mi alma gemela. Gracias por estar conmigo en este camino llamado vida, mi amor inolvidable. Quiero hacerte feliz y que juntos vivamos una historia de amor que inspire a otros a amar sin límites ni barreras. Cada mirada, cada sonrisa, cada gesto, me hacía sentir vivo de una manera que nunca antes había sentido.

Podemos planear un futuro, lleno de aventuras y nuevas experiencias, siempre juntos como un equipo. No hay nada que no podamos superar, si estamos dispuestos a luchar por nuestro amor.

Y aunque a veces las cosas parezcan difíciles, no te preocupes, siempre estaré aquí para apoyarte y darte todo el amor que mereces. Porque eres mi persona favorita en el mundo y no puedo imaginar mi vida sin ti.

Sigamos adelante, mano a mano, enfrentando lo que venga, porque juntos somos invencibles y nuestro amor es la fuerza que nos hace imparables. Te amo más allá de las palabras y prometo amarte por siempre.

Quiero recordar cada instante en que estuvimos juntos, esas risas, abrazos y besos que me hacían sentir en el cielo, porque a pesar del tiempo transcurrido, mi corazón sigue latiendo fuerte por ti. La distancia no puede separar lo que el amor ha unido, es solo una prueba que debemos superar juntos, porque nuestro amor es más grande que cualquier adversidad. Debemos aferrarnos a la certeza de que estamos destinados a estar juntos y no permitir que nada ni nadie nos aleje de nuestro camino hacia la felicidad eterna.

11
LA FELICIDAD DE HABER ENCONTRADO EL AMOR VERDADERO

Aunque la vida nos presente obstáculos, estoy dispuesto a luchar por ti cada día y a demostrarte mi amor en cada oportunidad que se me presente. Cada vez que pienso en ti, mi corazón se llena de alegría y mi mente se llena de esperanza y optimismo para nuestro futuro juntos.

No importa cuántos altibajos tengamos en el camino, sé que podemos superarlos juntos. Siempre estaré a tu lado, apoyándote en todo lo que necesites y alentándote a seguir adelante. Nuestro amor es nuestro tesoro más valioso, y estoy decidido a protegerlo y hacerlo crecer cada día de nuestras vidas juntos.

Necesito que me muestres tu verdadera esencia, que me hagas sentir vivo con tu presencia y que juntos enfrentemos cualquier obstáculo que se presente en nuestro camino. Cada día que pasa me doy cuenta de que eres indispensable en mi vida y de que mi felicidad depende de ti. Siempre te llevaré conmigo en mi corazón y te recordaré en cada instante de mi existencia. Estoy agradecido de que hayas aparecido en mi vida, y juntos debemos luchar para mantener nuestra conexión fuerte y no permitir que nada ni nadie nos separe.

Estoy seguro de que juntos podemos superar cualquier desafío que se presente, porque nuestro amor es más fuerte que cualquier obstáculo. Quiero hacerte sentir especial todos los días, demostrarte lo importante que eres para mí y hacer realidad nuestros sueños juntos. Sé que no será fácil, pero estoy dispuesto a dar lo mejor de mí para que nuestra relación siga creciendo y fortaleciéndose.

Cada día, al despertar, siento un gran agradecimiento por tenerte a mi lado y por todo lo que hemos vivido juntos. Quiero que sepas que siempre estaré aquí para ti, para apoyarte en todo lo que necesites y para celebrar juntos los momentos felices. No hay nada que desee más que pasar el resto de mi vida junto a ti, construyendo un futuro lleno de amor, felicidad y aventuras inolvidables.

Nuestra conexión es tan fuerte que aún en la distancia siento tu presencia, tu amor me acompaña a donde quiera que vaya. Sé que el camino no será fácil, pero estoy dispuesto a luchar por ti, por nosotros y por el amor que nos une. Siempre estarás en mi corazón y mi mente, eres la persona que me inspira a ser mejor cada día, a luchar por mis sueños y metas. Juntos podemos superar cualquier obstáculo y salir victoriosos, porque nuestro amor es más fuerte que cualquier adversidad.

Aunque la distancia nos separe, mi amor por ti sigue creciendo cada día. Cada noche, al cerrar mis ojos, te siento cerca de mí y mi corazón late con fuerza al imaginar que pronto volveremos a estar juntos. Sé que no será fácil, pero nuestra fortaleza y determinación nos llevarán a superar cualquier obstáculo.

No puedo negar que ha habido momentos en los que la tristeza y la nostalgia me han invadido, pero siempre recuerdo que tú eres la razón por la que sigo luchando. Estoy seguro de que cuando estemos juntos de nuevo, todo el dolor y el sufrimiento que hemos enfrentado se disiparán como el humo. Nuestro amor es más fuerte que cualquier problema, y juntos podremos vencer cualquier adversidad.

Mientras tanto, mantendré vivo nuestro amor en mi corazón y te prometo que siempre estaré a tu lado, incluso en la distancia. Te enviaré cartas y mensajes cada día para que sepas que siempre estás en mis pensamientos. Y cuando finalmente nos reencontremos, celebraremos nuestro amor con toda la intensidad que se merece.

Sin tu mirada, la conexión que siento contigo pierde su brillo radiante y todo se vuelve oscuro a mí alrededor. Eres capaz de detener el tiempo y llenarlo de paz y amor, convirtiéndote en el sol que ilumina mi camino.

Mi vida sin ti es como vivir en un mundo lleno de soledad, una oscuridad que no desaparece. Pero cuando apareces, tu luz me da vida y borra cada sufrimiento que siento por dentro. Eres la única persona capaz de llenar mi corazón de alegría y hacer que todo parezca posible.

Cada día agradezco al universo por haberte cruzado en mi camino, porque desde entonces he descubierto lo que es el amor verdadero. Te prometo que lucharé siempre para mantener nuestra conexión y que nada ni nadie pueda separarnos. Juntos podemos enfrentar cualquier adversidad y construir un futuro lleno de amor y felicidad.

Tu presencia me hace sentir seguro y me da la fuerza para enfrentar cualquier obstáculo que se me presente en la vida. Contigo a mi lado, todo parece más fácil y las cargas más ligeras. Cada momento a tu lado es un regalo que valoro más que cualquier otra cosa en este mundo. Prometo cuidarte, amarte y protegerte hasta el fin de mis días.

12

LA EMOCIÓN DE SENTIRSE AMADO

Todos los días me desafío a mí mismo para estar en tu mente, porque eres la razón de mi felicidad y de mi fortaleza. Contigo, siento que puedo enfrentar cualquier obstáculo que se presente en mi camino. Cada vez que me miras a los ojos, siento como si el tiempo se detuviera, y todo lo que importa es el amor que compartimos.

No hay nada que me haga renunciar a ti, porque eres mi apoyo, mi inspiración y mi compañía constante. Cada momento que pasamos juntos es una oportunidad para aprender y crecer como pareja. Nuestro amor nos hace inseparables, y nada ni nadie puede destruir la conexión que tenemos. Quiero estar a tu lado siempre, para apoyarte y amarte en cada momento de nuestras vidas juntos.

Si decides alejarte, sentiría que me arrebataran la razón de mi existir, la esencia de mi vida. Eres el único que puede llenar este vacío en mi corazón y hacerme sentir completo. No permitiré que nada ni nadie se interponga en nuestro camino, juntos venceremos cualquier obstáculo y nos aferraremos a este amor inquebrantable. Mi promesa es que te amaré siempre, sin importar cuán difícil se vuelva nuestra travesía.

No puedo imaginar mi vida sin ti, porque eres el sol que ilumina mi día y la luna que me acompaña en las noches. Cada vez que pienso en nuestro futuro juntos, mi corazón se llena de esperanza y emoción, y sé que juntos podemos superar cualquier obstáculo que se nos presente.

Sé que a veces la vida puede ser difícil, pero quiero que sepas que siempre estaré aquí para ti, para apoyarte en todo lo que necesites y para ser tu roca en tiempos de dificultad. Juntos podemos enfrentar todo lo que venga en nuestro camino y salir victoriosos, porque nuestro amor es más fuerte que cualquier problema.

Cuando contemplo tu bello rostro, me haces sonreír de una manera especial, y tus ojos llenos de dulzura me cautivan una vez más. Aquel primer encuentro quedará grabado en mi memoria para siempre, porque fue el momento en que mi corazón se rindió a ti y se abrió a un mundo nuevo de emociones. No puedo evitar pensar en ti, y cada vez que lo hago, siento cómo esa semilla que plantaste en mí sigue creciendo y floreciendo con cada día que pasa.

Quizás me alejé un poco de ti en un momento dado, pero no porque quisiera perderte, sino porque necesitaba reflexionar sobre algunas cosas y prepararme para ser aún mejor para ti. Quiero sorprenderte cada día que estemos juntos, hacerte sentir especial y valorada como mereces. Sabes que te amo con todo mi corazón, y haré lo que sea necesario para hacerte feliz y mantener nuestra llama encendida por siempre.

Me he dado cuenta de que eres la persona que quiero a mi lado en todo momento, no importa lo que pase en el futuro. Me comprometo a hacerte feliz y ser el apoyo que necesitas en los momentos difíciles. Ya no dejaré que nada ni nadie nos separe, porque nuestro amor es más fuerte que cualquier adversidad.

Quiero que sepas que eres la razón de mi felicidad y que cada día me esforzaré por hacerte sentir especial y amada. Juntos construiremos un futuro lleno de alegría y aventuras, superando juntos cualquier obstáculo que se presente en nuestro camino.

Cómo puedo sanar de este dolor que me causaste al romper mi corazón.

Tú te convertiste en mi dolor y sufrimiento cuando te fuiste, los días siguieron pasando y mi mente se llenó de luz y oscuridad, porque te tuve durante mucho tiempo, te valoré y te respeté, pero no fue suficiente para mantener nuestro amor. Ahora veo la luz del día y el resplandor del sol me da energía y motivación, sin embargo, aún existe ese temor que domina mis emociones y no logro controlarlo. Al mismo tiempo, te veo con otra persona, lo cual lastima mi corazón. Sé que tú eres mi pasado, te amé y me olvidaste.

Sé que no puedo volver atrás, ni cambiar lo que sucedió entre nosotros, pero puedo aprender de ello y crecer como persona. Me esforzaré por sanar mi corazón y dejar de aferrarme al pasado, porque sé que merezco algo mejor que el dolor y la tristeza que me dejaste.

Aunque me duele verte con alguien más, también me hace feliz saber que has encontrado a alguien que te haga feliz y te valore como mereces. No tengo rencor hacia ti, solo quiero liberarme del dolor y seguir adelante con mi vida, enfocándome en mi propio crecimiento y en encontrar mi propia felicidad.

Quizás algún día, cuando hayamos sanado nuestras heridas y aprendido de nuestros errores, podamos mirarnos a los ojos sin dolor ni rencor, y recordar lo que fue nuestro amor con cariño y gratitud por todo lo que nos enseñó.

Agradezco tu amor, porque me enseñaste que soy capaz de superar cualquier obstáculo que la vida me presente. El tiempo hizo su trabajo y me permitió sanar mis heridas y fortalecer mi espíritu. Ahora es el momento de construir mi futuro y alcanzar mis sueños. Soy el autor de mi propia historia y estoy aprendiendo de cada error, transformándolos en lecciones valiosas que me permiten crecer y evolucionar. He aprendido que lo que no me mata, me hace más fuerte y eso me impulsa a seguir adelante con más fuerza y determinación.

13

LA LUCHA POR EL AMOR CORRESPONDIDO

Ahora, me enfoco en lo que tengo en el presente, en las personas que me rodean y me apoyan en mi camino, en mis proyectos y metas personales que me inspiran a seguir adelante. Sé que el camino no será fácil, pero estoy preparado para enfrentar los desafíos que se presenten, porque estoy armado con la sabiduría que he adquirido a lo largo de mi vida y con la pasión que me impulsa a alcanzar mis sueños. Así que, con determinación y valentía, me aventuro hacia el futuro, listo para lo que venga y seguro de que puedo construir la vida que quiero vivir.

He estado esperando el momento adecuado para confesarte lo que llevo dentro, pero parece que nunca llega. Me preocupa decir algo incorrecto o que mi corazón se rompa en mil pedazos si mi amor no es correspondido. Sin embargo, no puedo seguir escondiendo mis sentimientos, porque lo que siento por ti es más fuerte que cualquier miedo. Cada vez que pienso en ti, mi corazón late más rápido y me doy cuenta de que eres la única persona en mi mente y en mi corazón.

Cada vez que estoy cerca de ti, siento una energía especial que me recorre todo el cuerpo, una sensación que nunca antes había experimentado. Tus ojos me hipnotizan, tu sonrisa me hace sentir en casa y tu voz es música para mis oídos. No sé cómo explicarlo, pero cuando estoy contigo, todo lo demás desaparece y solo existe nuestros momentos juntos.

Una vez más estás ahí, con esa sonrisa radiante que ilumina mi mundo. Cada vez que te veo, tus ojos brillan con una energía que me atrae hacia ti. Quiero ser la razón por la cual sonríes, la persona en la que piensas cada minuto del día. Quiero demostrarte que puedo hacerte feliz, que estaré a tu lado siempre y que mi amor por ti nunca se desvanecerá. Todo lo que necesito es tu confianza para entrar en tu vida y hacer que este amor florezca aún más.

El pasado ya no importa, lo importante es el presente y el futuro que podamos construir juntos. Desde que te conocí hace 90 días, cada hora cuenta para volver a verte. No sé cómo explicar lo que siento por ti, pero sé que es fuerte y sincero. Espero poder encontrar el momento perfecto para decírtelo y que puedas sentir lo mismo por mí. Hasta entonces, me conformo con cada encuentro que tenemos y espero que pronto podamos pasar más tiempo juntos. Cada día que pasa, mi deseo de estar contigo se hace más fuerte y no puedo evitar pensar en cómo sería mi vida a tu lado. Quiero hacerte feliz y demostrarte que mi amor por ti es verdadero y sincero. Solo necesito una oportunidad para demostrártelo y hacerte sentir especial cada día de nuestras vidas.

No sé por qué me alejé de ti. Pasé un tiempo alejado, reflexionando sobre las cosas que podría cambiar para sorprenderte en los días que pasemos juntos. Durante mi ausencia, me di cuenta de lo mucho que significas para mí y de lo importante que es tenerte a mi lado. Me di cuenta de que las pequeñas cosas son las que hacen la diferencia en nuestra relación y de que debemos trabajar juntos para mantener nuestro amor vivo y fuerte.

Prometo hacerte sentir amado y apreciado cada día, demostrándote que eres la persona más importante en mi vida. Quiero crear juntos recuerdos que nos acompañen por siempre y que, aun en los momentos difíciles, nos hagan recordar por qué nos enamoramos el uno del otro.

Ahora que he vuelto, estoy decidido a hacer que nuestra relación crezca y se fortalezca. Estoy emocionado por lo que el futuro nos depara y por todo lo que podremos lograr juntos.

Quiero seguir construyendo una vida a tu lado, llena de amor, aventuras y felicidad. Quiero que sepas que eres lo más importante en mi vida y que siempre te amaré. Juntos, podemos alcanzar cualquier meta que nos propongamos. Y aunque no sé lo que nos depara el futuro, sé que lo afrontaremos juntos y con amor.

El tiempo ha pasado desde aquel momento, pero todavía recuerdo claramente cada detalle de nuestro primer encuentro. Fue en una tarde de verano, el sol brillaba con fuerza y el calor era sofocante. Estaba caminando por la calle, pensando en mis asuntos, cuando de repente te vi. Me llamó la atención tu belleza, pero lo que realmente me cautivó fue la luz que había en tus ojos y la sonrisa en tus labios. Fue un instante mágico que cambió mi vida para siempre.

Después de cada encuentro contigo, mi mente se llena de pensamientos sobre ti y cómo puedo hacerte saber lo que siento sin asustarte. A veces me pregunto si tú sientes lo mismo que yo, si en realidad vale la pena seguir adelante con esto. Pero cuando te veo sonreír, se me olvida todo y me doy cuenta de que simplemente estar a tu lado me hace feliz. Quizás hoy sea el día en que finalmente pueda decirte lo que siento y poner fin a esta incertidumbre que me consume cada vez que estoy lejos de ti.

14

EL CAMINO HACIA EL AMOR VERDADERO

Todos los días, mi corazón late más fuerte por ti y aunque todavía no he encontrado la manera de decirte lo que siento, cada vez me siento más motivado para intentarlo. Quiero que sepas que eres mi inspiración, que cuando pienso en el futuro, te veo a mi lado compartiendo mis éxitos y mis fracasos.

No sé qué me depara el destino, pero sí sé que voy a hacer todo lo posible para estar contigo y demostrarte todo mi amor. Quiero que juntos construyamos una historia de amor verdadero, que no se base en promesas vacías sino en acciones concretas. Te lo prometo, voy a luchar por ti hasta el final.

Cada instante que transcurre, mi mente se llena de pensamientos hacia ti. Ansió con todas mis fuerzas poder volver a verte, aunque no sé si en estos momentos estás con alguien más. La sola idea de imaginarte junto a otra persona me duele, pero mi amor por ti es más fuerte que cualquier obstáculo que se me presente.

Me pregunto por qué me cuesta tanto trabajo expresar mis sentimientos hacia ti, ya que la simple idea de estar sin ti me produce un dolor insoportable. Sin embargo, cuando logro verte, me inunda una alegría inmensa, eres la razón por la que sigo adelante, la fuerza que me impulsa a seguir luchando por ti.

A veces me siento tan cerca de ti, aunque estemos separados por la distancia, como si nuestro amor fuera lo suficientemente fuerte como para trascender cualquier barrera física.

Quiero decirte lo que siento, expresarte todo mi amor, pero algo me detiene. Tal vez es el miedo al rechazo o al dolor, pero sé que no puedo seguir así para siempre.

Quiero ser valiente y luchar por lo que realmente quiero, aunque el camino sea difícil. Mi amor por ti es más grande que cualquier obstáculo y haré todo lo posible por estar a tu lado.

Nuestro amor era intenso y profundo. Nos apoyábamos en los momentos difíciles y celebrábamos juntos los momentos felices. Nunca olvidaré ese primer beso, el cual me hizo sentir mariposas en el estómago. Era como si el tiempo se detuviera y solo existiéramos tú y yo. Me enamoré de cada uno de tus gestos, de tu risa contagiosa y de la forma en que me mirabas.

Pero ahora, después de tanto tiempo, me doy cuenta de que el amor no es suficiente para mantener una relación a flote. A veces, las circunstancias nos llevan por caminos distintos y, por más que intentemos aferrarnos a lo que teníamos, las cosas cambian.

Aunque duela, sé que es momento de dejar ir. Agradezco por todos los momentos que compartimos juntos y por todo lo que aprendí a tu lado. Sé que siempre te recordaré con cariño y que en mi corazón siempre habrá un lugar para ti.

Finalmente, te amo con todo mi ser y que siempre serás mi amor verdadero. Gracias por enseñarme lo que es el amor y por hacer de mi vida una historia de amor. Juntos, nuestro amor será eterno y nunca dejaremos de luchar por lo que queremos.

Desde que te conocí, supe que eras el amor de mi vida. Con cada momento que pasamos juntos, mi amor por ti se hace más fuerte y profundo. Me siento afortunado de tenerte a mi lado, de poder compartir mi vida contigo y de tener la oportunidad de hacer de cada día una aventura llena de amor.

A veces, cuando miro hacia atrás, no puedo evitar sentirme agradecido por todos los obstáculos que hemos superado juntos. Cada reto, cada dificultad, nos ha hecho más fuertes y nos ha unido aún más. Gracias por ser mi roca en momentos de tormenta, por ser mi confidente en momentos de incertidumbre y por ser mi amor incondicional en todo momento.

No importa lo que el futuro nos depare, sé que siempre estarás a mi lado y que juntos podemos enfrentar cualquier cosa. Te amo más allá de las palabras y siempre serás el amor de mi vida. Gracias por hacer de mi mundo un lugar lleno de amor, felicidad y esperanza.

Estar contigo me hace sentir completo, como si nada más en el mundo importara. Tú eres mi prioridad número uno y no hay nada que me haga más feliz que verte sonreír. Cada día me enamoro más de ti y no puedo imaginar mi vida sin ti.

Nuestro amor es un regalo que nunca dejaré de valorar. Juntos hemos pasado por buenos y malos momentos, pero siempre hemos salido adelante gracias a nuestro amor y compromiso. Nunca permitiré que nada se interponga en nuestro camino, porque sé que juntos podemos superar cualquier obstáculo.

Sé que nuestro futuro juntos es brillante y emocionante. Quiero seguir construyendo una vida hermosa y significativa contigo, llena de aventuras, risas y amor. Eres mi compañero/a de vida y no puedo esperar a ver lo que el futuro nos depara. Te amo hoy, mañana y siempre.

En resumen, el amor es un sentimiento que puede llenar nuestras vidas de alegría y felicidad.

Aunque no siempre sea fácil, es importante mantener la fe y la esperanza en que un amor inolvidable está al alcance de todos, solo es cuestión de tiempo y perseverancia.